EL REINO: AFRICA

C.NICHOLE

ILUSTRADO POR SAILESH ACHARYA
TRADUCIDO POR JAEL VENTURA DE PENA

PAN AFRICAN PUBLISHING HOUSE
DALLAS, TEXAS, ESTADOS UNIDOS

DERECHOS DE AUTOR ©2023 PAN AFRICAN PUBLISHING HOUSE

TODOS LOS DERECHOS RESERVADOS. QUEDA PROHIBIDA LA REPRODUCCION TOTAL O PARCIAL DE ESTE LIBRO, O SU USO EN CUALQUIER FORMA, O POR CUALQUIER MEDIO, YA SEA ELECTRONICO O MECANICO, INCLUYENDO FOTOCOPIADO, GRABACION, TRANSMISION O CUALQUIER SISTEMA DE ALMACENAMIENTO Y RECUPERACION DE INFORMACION, SIN LA AUTORIZACION POR ESCRITO DEL EDITOR.

DISEÑO DEL LIBRO: C.NICHOLE
ILUSTRACIONES: SAILESH ACHARYA

PUBLICADO EN ESTADOS UNIDOS POR PAN AFRICAN PUBLISHING HOUSE.
WWW.PANAFRICANPUBLISHING.COM

IMPRESO EN ESTADOS UNIDOS DE AMERICA

ISBN: 9798987359907

AFRICA EN NUESTRA ALMA. MIRA COMO BRILLA NUESTRA CULTURA...

💚💛❤️

CONTENIDO

	INTRODUCCION	1
1	!KUNG	3
2	AFAR	5
3	BAGANDA	7
4	BALUBA	9
5	BASOTO	11
6	BATWA	13
7	BETSIMISARAKA	15
8	DINKA	17
9	DOGON	19
10	EDO	21
11	EWE	23

CONTENIDO

12 FULANI 25
13 KEMETIANOS 27
14 MASAI 29
15 OVAMBO 31
16 TIGRE 33
17 TUBUS 35
18 TUAREG 37
19 WOLOF 39
20 YORUBA 41
   AGRADECIMIENTOS 42
   SOBRE LA AUTORA 43
   HASTA LA PROXIMA 44

INTRODUCCION

La evolución de los seres humanos comenzó hace millones de años, partiendo desde África oriental hacia África meridional. Esto sucedió antes de que las personas comenzaran a esparcirse por el mundo que conocemos hoy. África es la patria de todas las civilizaciones y albergará por siempre algunos de los recursos más ricos, importantes y buscados del mundo. A menudo, solo conocemos lo que vemos en la televisión o en Internet, y no nos tomamos el tiempo para investigar por nosotros mismos y ver la belleza desde una perspectiva diferente, con una actitud diferente. He tenido el placer de conocer personalmente a algunas de las tribus mencionadas en este libro durante mis numerosos viajes al continente africano. Espero que leas este libro con una mente abierta y que te motive a viajar a Mamá África algún día. El mundo es más grande de lo que crees; el mundo es más grande de lo que conoces. Aprendamos juntos...

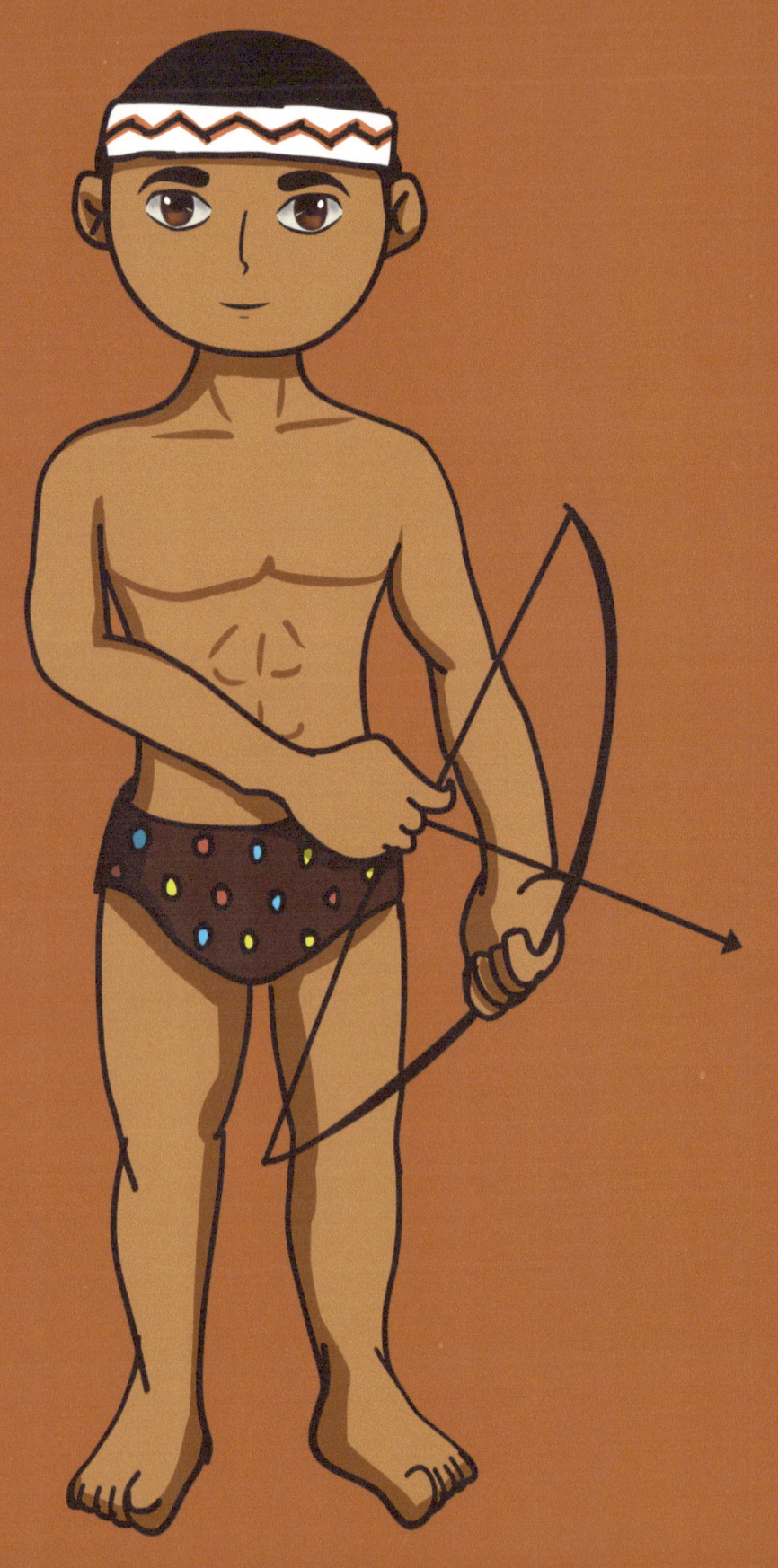

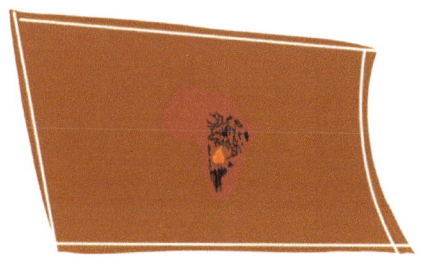

!KUNG

ACTUALMENTE: ANGOLA, BOTSUANA, NAMIBIA, SUDÁFRICA
LENGUA TRADICIONAL: LENGUAS KX'A

Muchas personas del pueblo !kung, llamados también bosquimanos o san, son descendientes de quienes se trasladaron desde África oriental hacia África meridional hace más de 150,000 años, posiblemente hace 260,000 años. Estos cazadores-recolectores son una de las culturas más antiguas que existen. Su forma de vida es seminómada, y se trasladan estacionalmente dentro de ciertas áreas, dependiendo de los recursos que tengan disponibles, como agua, animales de caza y plantas comestibles. El pueblo !kung depende mucho de su entorno natural.

Los hombres !kung demuestran su fuerza cazando animales como jirafas, ñus, antílopes, reptiles, gacelas y aves. No desperdician nada del animal; fabrican mantas utilizando la piel y herramientas usando los huesos. Las mujeres !kung demuestran su fuerza cuando tienen hijos. Como desean tener una conexión con la tierra, las mujeres embarazadas caminan hasta una milla de distancia desde su aldea para dar a luz sin ayuda.

Las mujeres suelen recolectar agua, alimentos ricos en almidón, frutas, bayas y cebollas. También suelen preparar la comida y cuidar a los niños. Pero los !kung creen en el trabajo en equipo, y por eso los roles no son definitivos. Todos ayudan en los trabajos que se necesiten hacer. Los niños pasan sus días jugando y divirtiéndose. Sin importar la edad, todos los !kung consideran que es obligatorio tener tiempo libre para relajarse.

Los rituales de curación son muy importantes para los !kung. Tener buena salud es igual a tener armonía social, paz y tranquilidad. En la cultura !kung, ser curandero se considera uno de los trabajos más valiosos porque a lo largo de la vida se acude principalmente a los curanderos para obtener guía psicológica y espiritual. Los !kung suelen decir que la curación hace felices a sus corazones, y que un corazón feliz es aquel que refleja un sentido de comunidad.

AFAR

ACTUALMENTE: YIBUTI, ERITREA, ETIOPÍA
LENGUA TRADICIONAL: AFAR

Los afar viven en el Cuerno de África, una región que bordea el mar Rojo y el golfo de Adén. Representan más de un tercio de la población de Yibuti. Los gobernantes de los reinos independientes de los afar se llaman sultanes. Los ancianos son los jefes de los clanes de los afar. Un clan es un grupo de personas que tienen ancestros en común y que forman una gran familia extendida. Existen dos clases principales: los asaimara, que son la clase política, y los adoimara, que son la clase trabajadora.

Los hombres utilizan un cuchillo curvo llamado jile. Los hombres afar son guerreros valientes con extraordinarias habilidades de combate y conocen muchas canciones de batalla. Los afar no se llevan bien con los extraños y atacan a cualquiera que entre a su territorio sin permiso. Si un afar le da leche para beber a un invitado, se formará un vínculo. Esto significa que el anfitrión ahora es responsable de proteger al invitado en caso de peligro, y de vengar la muerte del invitado en caso de que sea asesinado. Por otro lado, los afar son protectores de la vida salvaje.

La mayoría de los afar que viven en la costa son pescadores. Otros son nómadas y viajan de un lugar a otro para encontrar pastos frescos para su ganado. Los pastos son tierras cubiertas de hierba y otras plantas bajas que son un buen alimento para los camellos, las cabras, las ovejas y el ganado de los afar. Tradicionalmente, los etíopes afar participan en el comercio de sal. Hoy en día, intercambian mantequilla, pieles de animales, ganado y cuerdas por productos agrícolas. Como viven en áreas con desiertos de piedra y arena, lagos salados y corrientes de lava, los afar no tienen cultivos.

Se cree que los afar heredan el carácter y la fuerza de sus padres, y las características físicas como la altura de sus madres. Una característica de los hombres afar es el peinado llamado dayta, o rizos hechos con mantequilla. Este peinado se hace untando mantequilla en un mechón de cabello y luego envolviendo ese mechón alrededor de un palo hasta que se forme el rizo. Esto se repite en todo el cabello. La mantequilla protege el cabello del sol.

BAGANDA

ACTUALMENTE: UGANDA
LENGUA TRADICIONAL: LUGANDA

Los baganda son el grupo étnico bantú más grande de Buganda en Uganda. El reino de Buganda es el más grande de los reinos tradicionales de la Uganda actual. Para referirse a una persona del pueblo baganda se usa el término muganda. Kato Kintu fue el primer rey de Buganda y reinó a mediados del siglo XIV. Buganda era el reino más grande y poderoso de la región en el siglo XIX.

En el reino de Buganda hay muchos clanes y cada persona pertenece a uno. Cada clan está gobernado por un jefe, y ese jefe dirige una parte del territorio. Los clanes permiten a los baganda saber quiénes son sus ancestros. El linaje se transmite a través del padre. Cuando un muganda se presenta formalmente, dice su nombre, el nombre de su padre y de su abuelo paterno, y describe el linaje familiar de su clan. Los baganda deben saber quiénes son sus ancestros y el lugar que ocupan dentro de su linaje. Es responsabilidad del clan transmitir su cultura y tradiciones a las próximas generaciones. Cada muganda debe respetar su cultura.

Los baganda cultivan un tipo de banano de las tierras altas de África oriental conocido como matooke. Este se cocina al vapor o se hierve y generalmente se sirve con salsa de maní o sopas de carne. Los insectos como las hormigas blancas, las termitas, los saltamontes, etc. son considerados un manjar. Aunque tienen utensilios para comer, los baganda prefieren comer con las manos.

Antes de que empezara a utilizarse la tela, la ropa tradicional se hacía con la corteza interior del árbol mutuba. La corteza se pela, se trata en agua hirviendo, se golpea con un mazo y luego se estira y se seca.

BALUBA

ACTUALMENTE: REPÚBLICA DEMOCRÁTICA DEL CONGO
LENGUA TRADICIONAL: CILUBÁ, TSHILUBA, KILUBA

La sociedad y cultura baluba se remonta a los años 400. La comunidad estaba bien organizada y se componía de carpinteros, alfareros, artesanos, mineros, herreros y otras profesiones. Antes del siglo VIII, los baluba ya empleaban el hierro y el cobre para fabricar objetos. Los arqueólogos han encontrado utensilios y artículos de cerámica bien elaborados que datan de los siglos VIII y XI. Las aldeas consistían en casas hechas de juncos y acacias, construidas junto a fuentes de agua como arroyos y lagos, lo que les permitía pescar. Se construyeron presas de hasta 6 a 8 pies de altura usando barro.

Hoy en día, los baluba continúan viviendo cerca de su familia, lo que promueve un espíritu de comunidad. La agricultura es muy importante y se cultivan principalmente mandioca y maíz; también producen sal y crían ganado. El arte también es fundamental, y en los mercados se venden objetos tallados en madera y artesanías.

En el sistema religioso de los baluba existen tres tipos de espíritus. El primer tipo son los antepasados que suelen aparecer en los sueños de un familiar. Los espíritus de los ancestros se consideran amables y protectores de sus familiares vivos. El segundo tipo son los espíritus territoriales, cuyo trabajo es asegurarse de que se atrapen muchos peces y de que la caza de animales sea buena. El tercero tipo es el Bavidye, que son todos los demás espíritus poderosos que pueden poseer a los humanos. La hechicería, que es magia negra, está mal vista y no es aceptada.

Los baluba valoran el respeto a los padres. Los antepasados espirituales pueden castigar con enfermedades y desgracias a los niños que no respetan a sus padres. Las personas que cometen delitos menores son juzgadas por los ancianos de la familia o por los jueces del pueblo. El Sagrado Jefe, junto con sus consejeros, resuelve los casos más difíciles. En el pasado, cuando un delincuente era declarado culpable, podía ser envenenado por un ritualista.

BASOTO

ACTUALMENTE: LESOTO Y SUDÁFRICA
LENGUA TRADICIONAL: SESOTO

Los basoto son un grupo étnico bantú que ha vivido en la región de Lesoto y Sudáfrica desde el siglo V. Para referirse a una persona de los basoto se utiliza el término mosoto. Los basoto constituyen el 99% de la población de Lesoto, un país ubicado dentro de Sudáfrica. Por esta razón, los basoto son el segundo grupo étnico más grande de Sudáfrica. Moshoeshoe I fue un jefe local y líder militar que se convirtió en el primer rey de Lesoto en 1822.

Las temperaturas son agradables, pero a veces las montañas de Lesoto se cubren de nieve. Es posible mantenerse abrigado con una manta basoto tradicional. El sombrero nacional es el mokorotlo, un sombrero de paja que incluso aparece en la bandera de Lesoto. La costura, el trabajo con cuentas, el tejido y la alfarería siguen siendo tradiciones populares. Todavía se usa hierba para tejer a mano cestas y colchonetas. Los poemas de alabanza y los cuentos populares son una tradición que los basoto toman muy en serio. Los poemas de alabanza relatan heroicas aventuras de antepasados o líderes políticos de la vida real. Los cuentos populares también son historias de aventuras, pero pueden ser realistas o mágicos.

La ganadería y el cultivo de cereales como el sorgo solían ser una parte importante de la economía. Hoy en día, los alimentos principales son el maíz, que se puede comer en forma de pasta espesa, y el pan. Las carnes favoritas son el pollo, la ternera y el cordero, y la manera preferida de beber leche suele ser en forma de leche agria.

Se enseña a los niños a tener buenos modales, a ser educados y serviciales. Se espera que seas hospitalario, sin importar si tienes mucho o poco. Aunque no tenga mucho, un mosoto compartirá su comida con los visitantes. Y esperará ser tratado de la misma manera en la casa de los visitantes.

BATWA

ACTUALMENTE: BURUNDI, REPÚBLICA DEMOCRÁTICA DEL CONGO, RUANDA, UGANDA, ZAMBIA
LENGUA TRADICIONAL: KIGA, KINYARWANDA, KIRUNDI

Los batwa son un grupo étnico bantú originario de la región africana de los Grandes Lagos que limita con África central y África oriental. Son los pigmeos más antiguos que sobreviven en la región. Los pigmeos son personas de baja estatura, con un promedio de 5 pies. Para referirse a una persona de los batwa, se usa el término mutwa.

Habitualmente, los batwa son cazadores seminómadas. Consideran a la naturaleza como su madre y su padre, y dependen de la selva tropical para cubrir todas sus necesidades. Para los batwa, los arcos y las flechas, las lanzas, las redes para cazar y las ollas para cocinar son más valiosos que el oro y los diamantes. Lo más importante es proporcionar alimentos a su grupo. Los batwa no se consideran pobres; por lo tanto, las riquezas materiales no importan. Para ellos, la selva tropical es un paraíso. Por lo general, viven en un campamento de 1 a 5 meses, y se mudan cuando se les acaba el suministro de alimentos.

La alfarería tiene un significado cultural y es una tradición ancestral y social, ya que mientras recolectan arcilla y la llevan a sus hogares, los batwa pueden socializar y crear vínculos.

Ser una comunidad y tener respeto por los demás es la norma de vida de los batwa. Dependen unos de otros y lo comparten todo. A los niños se les enseña desde muy jóvenes a respetar a los demás y cualquier persona de la comunidad puede disciplinar a cualquier niño. A todas las mujeres se les considera una madre y criar a los hijos es un esfuerzo colectivo. Existe el dicho de que se necesita un pueblo para criar a un niño, y esto es algo normal para los batwa. Los niños pueden visitar los hogares de otras personas cuando quieran y los adultos de ese hogar los cuidarán como si fueran sus propios hijos. Por la noche, a los batwa les gusta sentarse alrededor de una fogata y contar historias, adivinanzas y leyendas.

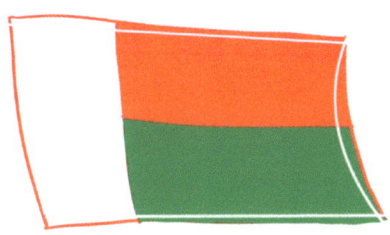

BETSIMISARAKA

ACTUALMENTE: MADAGASCAR
LENGUA TRADICIONAL: MALGACHE

Los betsimisaraka son el segundo grupo étnico más grande de Madagascar. Son de origen bantú y austronesio. Viven en la región costera oriental de arenas blancas de Madagascar, lo que los convierte en excelentes marineros, y algunos incluso eran piratas. Muchos son pescadores o balleneros, y tienen un largo historial de comercio y de vivir en barcos en el mar durante largos períodos. En la antigüedad, eran comunes las canoas con capacidad para 50 personas o más.

La vida del pueblo gira en torno a la agricultura. Los campos se preparan en octubre. Para ello, se quema la vegetación y se siembra el suelo cubierto de cenizas. La cosecha ocurre en mayo. El invierno dura de junio a septiembre. El arroz y la vainilla son muy populares en la economía de los betsimisaraka. Se cultivan alimentos ricos en almidón como yuca, camote y taro, junto con café, caña de azúcar, frijoles, maní, maíz y diferentes tipos de verduras. Como viven en una región de clima tropical, pueden disfrutar de diversas frutas frescas como plátanos, panapén, mangos, naranjas, aguacates, lichis y piñas. Los animales también son importantes, ya que los betsimisaraka capturan y venden pescado, camarones, cangrejos, erizos, jabalíes, pájaros e insectos. En la región se extraen y exportan oro y piedras preciosas como el granate. La ropa tradicional está hecha de la palma de rafia, que es originaria de Madagascar. Las hojas de palma de rafia se peinan para separar las fibras, luego se anudan en las puntas para formar hilos que se tejen para crear telas.

Los lémures son muy apreciados y las leyendas cuentan que estos primates de ojos grandes y cola larga ayudan a figuras importantes de los betsimisaraka en situaciones de vida o muerte. Se cree que los espíritus de los antepasados viven dentro de los cuerpos de los lémures.

DINKA

ACTUALMENTE: SUDÁN DEL SUR
LENGUA TRADICIONAL: DINKA

Los dinka, también conocidos como jieng, son el grupo étnico más grande de Sudán del Sur y viven principalmente a lo largo del río Nilo. Las tradiciones orales afirman que se originan en Sudán. Los dinka son uno de los grupos con las personas más altas de África, con una altura promedio de 6 pies. Cuando los hombres y las mujeres jóvenes tienen la edad suficiente para empezar la vida adulta, se les marca la frente con un objeto afilado para crear sus cicatrices tribales. La religión de los dinka se basa en la naturaleza y el mundo que los rodea, no en un libro.

El ganado es fundamental para obtener carne, leche, huevos u otros productos. Generalmente, estos productos no se venden, sino que se utilizan en rituales, demostraciones culturales, dotes matrimoniales, precios de novias y muchos más. Una dote matrimonial es cuando la familia de la novia le da dinero, propiedades u otros bienes al novio. El precio de la novia es cuando la familia del novio le da dinero, propiedades u otros bienes a la novia. Los dinka cultivan cereales como sorgo y mijo para su consumo, y sésamo, maní y goma arábiga para venderlos.

Los dinka migran dependiendo del clima. Alrededor de mayo o junio, cuando comienza la temporada de lluvias, se trasladan a sus asentamientos permanentes de casas hechas de barro y paja. Las casas están construidas por encima del nivel de inundación, lo que les permite comenzar a plantar sus cultivos. Alrededor de diciembre o enero, cuando empieza la estación seca, todos, excepto los ancianos, los enfermos y las madres con niños pequeños, se mudan a sus asentamientos semipermanentes para pastorear el ganado. Las mujeres dinka fabrican vasijas de barro y tejen esteras y cestas para dormir. Los hombres dinka fabrican anzuelos y lanzas.

Generalmente, los dinka no discuten sobre qué tierra pertenece a quién. La tierra es propiedad de todos, lo que significa que es gratuita, y un individuo solo la posee mientras la esté usando. Si la tierra se vende para obtener algo como un buey, el precio que se paga no es por el valor de la tierra, sino por el trabajo que se hacía para cultivarla.

DOGON

ACTUALMENTE: MALÍ
LENGUA TRADICIONAL: LENGUAS DOGÓN

Los dogón son conocidos por sus impresionantes bailes de máscaras, tradiciones religiosas, hermosas esculturas de madera y arquitectura.

La sociedad awá está formada por bailarines con máscaras que realizan rituales importantes. Son los únicos que conocen el lenguaje secreto llamado sigi so. Los dogón se reúnen para celebrar el sigi, un ritual para honrar a los antepasados. El evento comienza en la parte noreste del territorio dogón. Cada pueblo se turna para celebrar y organizar lujosas fiestas, ceremonias y festividades. Cada pueblo celebra el sigi durante aproximadamente un año antes de que sea el turno del próximo pueblo. Cada 60 años inicia un nuevo sigi. Durante ese tiempo, se fabrican nuevas máscaras que se dedican a los antepasados.

Cuando nacen gemelos se celebra una fiesta que recuerda cuando todos los seres llegaron a existir de dos en dos, símbolos del equilibrio entre lo humano y lo divino. Durante siglos, los dogón han usado un sistema que incluye miles de signos utilizados en la astronomía y en los calendarios, métodos de cálculo, anatomía y conocimientos fisiológicos. También han creado una farmacopea, que es un libro que contiene los nombres de los medicamentos junto con sus efectos e instrucciones para su uso. Los dogón consideran que es esencial vivir en armonía y esto se refleja en muchos de sus rituales. Un ritual bien conocido es uno en el que las mujeres alaban a los hombres, los hombres agradecen a las mujeres, los jóvenes muestran su aprecio por los viejos y los viejos reconocen las contribuciones de los jóvenes.

Muchas de las esculturas dogón se mantienen en privado debido al significado simbólico de las piezas y al proceso empleado para fabricarlas. Solo las mujeres pueden hacer cerámica a mano o con la ayuda de una rueca. Solo los hombres pueden hacer canastas y tejer. Solo la casta artesanal puede especializarse en cuero y herrería. La casta es un sistema de jerarquía que divide a la sociedad según las clases hereditarias, es decir, las clases sociales que se transmiten de padres a hijos.

EDO

ACTUALMENTE: NIGERIA
LENGUA TRADICIONAL: EDO

Los edo son descendientes del Reino de Benín, que no debe confundirse con el país vecino de Benín. Formado en el siglo XI, el Reino de Benín, también conocido como el Imperio de Benín, fue uno de los reinos desarrollados más antiguos de África occidental. Fueron elogiados por sus piezas de arte en bronce y marfil y por su sofisticada organización política. En el siglo XV, cuando alguien visitaba la capital, Ciudad de Benín, podía ver un enorme palacio con muchas áreas diferentes que incluían patios, salones, altares y pasillos que estaban decorados con esculturas de bronce, marfil y madera. Es fácil reconocer al pueblo edo, pues tienen una de las vestimentas tradicionales más elaboradas de toda África. Algunas características de su llamativo atuendo incluyen cuentas, brazaletes, tobilleras, marcas corporales y el tejido de rafia.

El 40% del estado de Edo son reservas forestales. Sin embargo, todavía hay tierra suficiente para la agricultura, lo que mantiene la economía en marcha. Entre los cultivos populares se encuentra la yuca, el ñame, el taro, los plátanos, el quingombó, los frijoles, el arroz, la pimienta y las calabazas (zapallo, calabaza, pepino, etc.). La palma aceitera africana y el árbol de cola también son esenciales. El aceite de palma se utiliza para fabricar jabones, maquillajes, helados, pan, etc. El árbol de cola, que es originario de África occidental, produce nueces de cola que contienen cafeína y se usan para dar sabor a las bebidas. Para comer, se prefiere la carne de cabra, oveja, perro, res y pollo.

En el Reino de Benín, el rey poseía toda la tierra y podía quitarle a alguien los derechos sobre la tierra si esa persona cometía un delito contra el gobierno o traicionaba al país. El rey nombraba a todos los jefes. Estos estaban organizados en tres grupos principales, los siete Uzama (jefes de alto rango), los jefes de palacio y los jefes de ciudad. El rey se hacía rico mediante el monopolio. Esto significa que tenía todo el control sobre la pimienta, el marfil y otras exportaciones. También controlaba los mercados y las rutas comerciales, las cuales abría y cerraba a su antojo. Hoy en día, el rey no tiene tanto poder, y ayuda a otorgar terrenos para la construcción en la Ciudad de Benín y supervisa el uso que los extranjeros dan a la tierra y a los recursos en el estado de Edo.

EWE

ACTUALMENTE: BENÍN, GHANA, TOGO
LENGUA TRADICIONAL: EWÉ

Se cree que los ewé han vivido en su región desde antes del siglo XIII. La mayoría de los ewé vive en Ghana. El territorio se dividía en cacicazgos. Un cacicazgo es una organización política hereditaria, lo que significa que se elige a los miembros más viejos de ciertas familias para que sean líderes. Los ewé eran muy independientes y las guerras eran comunes entre ellos. Hoy en día, hay caciques y reyes dentro de las diferentes regiones de los ewé, y se valora la unidad. Es muy importante mantener una buena comunicación, un espíritu de comunidad y la estabilidad de la aldea, así como desarrollar continuamente una cultura y una identidad comunes basadas en el idioma entre los ewé de Ghana, Togo y Benín.

La danza y el uso de tambores son comunes entre los ewé y los mantiene unidos. Es imprescindible que todos los miembros participen. Se considera que quienes no lo hacen están distanciándose del grupo. Participar es tan importarse que, si una persona se niega a unirse a las festividades, es posible que no tenga un entierro adecuado cuando muera. Los ewé creen que si alguien toca bien el tambor es porque recibió un don de un antepasado que también tocaba bien el tambor.

El famoso tejido kente es típico de los ewé, quienes son conocidos desde hace mucho tiempo por ser expertos tejedores. Con el tejido kente se puede hacer cualquier prenda de vestir, y los jefes y los reyes de los ewé a menudo se visten con piezas grandes y llamativas.

Los ewé muestran mucho respeto a los mayores. Incluso si un hijo se casa y tiene familia, todavía se espera que obedezca a su padre. La tierra que pertenece a una familia ewé se considera un regalo heredado de sus antepasados y nunca debe venderse. El folclore, los mitos, la poesía y las canciones son muy comunes en la cultura y las tradiciones de los ewé. Se utilizan para enseñar lecciones de vida, coraje, moral, trabajo duro y sabiduría.

FULANI

ACTUALMENTE: BENÍN, BURKINA FASO, CAMERÚN, REPÚBLICA CENTROAFRICANA, CHAD, COSTA DE MARFIL, EGIPTO, GAMBIA, GHANA, GUINEA, GUINEA-BISÁU, LIBERIA, MALI, MAURITANIA, NÍGER, NIGERIA, SENEGAL, SIERRA LEONA, SUDÁN DEL SUR, SUDÁN, TOGO
LENGUA TRADICIONAL: FULFULDE/PULAAR

Los fulani también son conocidos como fulas o fulbes. Son el grupo étnico de pastores nómadas más grande del mundo y viajan de un lugar a otro para encontrar pastos frescos para su ganado. Viven en África occidental, atravesando el desierto del Sahara hasta África oriental. Los fulani tienen tres estilos de vida diferentes. El primero es el pastor nómada que se desplaza durante todo el año y nunca vive en una misma zona por más de 2 a 4 meses. El segundo es el seminómada, que vive temporalmente en un sitio en determinadas épocas del año. El tercero es el que vive en un lugar de forma permanente.

A los hombres y a las mujeres se les hacen tatuajes en la cara cuando son niños. Las mujeres usan henna para decorar sus pies, manos y brazos. Las mujeres jóvenes también usan tintas de color índigo alrededor de la boca para oscurecer las encías y los labios. A las niñas de alrededor de 2 o 3 años se les perforan las orejas, seis agujeros en la oreja derecha y seis en la izquierda.

El código de comportamiento de los fulani se llama pulaaku y se transmite de generación en generación. Entre sus valores están la paciencia, el autocontrol, la disciplina, la prudencia, la modestia, el respeto por los demás (incluyendo a los enemigos), la sabiduría, la previsión, la responsabilidad personal, la hospitalidad, el coraje y el trabajo duro.

Los wodaabe son una tribu fulani que organiza un concurso de belleza anual durante el festival de Gerewol. Los hombres pasan horas perfeccionando su vestimenta y maquillándose para realzar las características que creen que los hacen atractivos: dientes blancos, nariz afilada y rostro simétrico. Los hombres de los wodaabe compiten en una danza ritual llamada yaake. Luego, las mujeres que forman parte del jurado seleccionan a los ganadores. Cada juez puede elegir un ganador para que sea su esposo. O el ganador tiene la opción de elegir a cualquier mujer hermosa para ser su marido.

KEMETIANOS

ACTUALMENTE: EGIPTO
LENGUA TRADICIONAL: EGIPCIO ANTIGUO, CANANEA, NUBIA

Kemet, que significa Tierra Negra, se remonta al 5500 a. e. c. Las letras a. e. c. significan antes de la era común y se usan para referirse a todos los años antes del 1 e. c. (era común), que es la era actual. La palabra Kemet dejó de utilizarse cuando los griegos colonizaron la civilización en el 332 a. e. c. y la llamaron Egipto. Colonizar significa cuando alguien quiere la tierra de otra persona y la toma por la fuerza sin permiso, robándola. Los kemetianos consideraban que los hombres y las mujeres de todas las clases sociales son iguales ante la ley. La ley de Kemet se basaba en utilizar el sentido común para decidir si algo estaba bien o mal en lugar de obedecer un conjunto estricto de reglas.

Los kemetianos han empleado las matemáticas desde por lo menos el año 3200 a. e. c., y tienen un sistema numérico completamente desarrollado. La suma, la resta, la multiplicación, la división y las fracciones se utilizaban de la vida cotidiana. Calculaban el área de rectángulos, círculos y triángulos y los volúmenes de cajas, columnas y pirámides para planificar sus proyectos de construcción. Los kemetianos conocían el álgebra y la geometría básicas. Pitágoras creó el Teorema de Pitágoras basándose en los cálculos que los matemáticos kemetianos utilizaron para mejorar la estabilidad de las paredes de las pirámides.

Los jeroglíficos han existido desde al menos el año 3000 a. e. c. Son cientos de símbolos que representan una palabra o un sonido, y el mismo símbolo puede tener diferentes significados dependiendo de cómo se use. El papel se fabricaba utilizando el papiro, una planta que crecía junto al río Nilo. Este papel permitió utilizar el lenguaje escrito para comunicarse, especialmente en el apogeo de Kemet durante el Nuevo Reino en el 1400 a. e. c. Durante ese tiempo, la civilización incluía regiones de países modernos como Siria, Jordania, Líbano, Israel, Sudán y Libia.

La higiene y la apariencia eran muy importantes. Los kemetianos se bañaban en el río Nilo con jabones hechos de grasa de animales y tiza y se afeitaban el cuerpo. Utilizaban perfumes y lociones para oler bien y suavizar la piel. Su prenda de vestir favorita eran las sábanas de lino blanco, hechas de las fibras de la planta del lino. También usaban joyas, maquillaje y pelucas.

MASAI

ACTUALMENTE: KENIA Y TANZANIA
LENGUA TRADICIONAL: MAA

Los masáis emigraron de Sudán del Sur a Kenia en el siglo XV. Entre los siglos XVII y XVIII, entraron en Tanzania. Hoy en día, se pueden encontrar en Kenia y Tanzania dentro de una región conocida como Masailandia, con el lago Victoria al oeste y el monte Kilimanjaro al este.

Los masáis viven del pastoreo de ganado. Pastorear significa reunir un grupo de animales, cuidarlos y moverlos de un lugar a otro. El ganado es la fuente de alimento de los masáis; comen su carne, beben su leche y, a veces, beben su sangre.

Los guerreros masái utilizan lanzas que pueden arrojar a una distancia de 150 pies sin fallar el blanco. También usan escudos y rungus (palos de madera empleados para proteger el ganado). Como pueblo, los masáis nunca han considerado que sea correcto tener esclavos. Un esclavo es una persona que no tiene libertad y que es obligada a obedecer a su dueño y a trabajar en condiciones horribles. Los masáis decidieron que no se convertirían en esclavos y sus guerreros los defendían para asegurarse de que fuera así. Cuando la gente venía en busca de esclavos, evitaba acercarse al territorio de los masáis.

El eunoto es un rito de iniciación de los guerreros que incluye canto, baile y rituales. Durante el rito se realiza el adumu, un baile tradicional de saltos. Los guerreros forman un semicírculo y toman turnos para saltar, manteniéndose erguidos y sin dejar que sus talones toquen el suelo hasta que termine su turno. No es raro que un masái salte al menos 3 pies en el aire.

Los masáis suelen vestir prendas de color rojo. Generalmente, tienen la cabeza rapada o el pelo muy corto. Solo los guerreros pueden tener el pelo largo, que tradicionalmente se lleva en mechones finamente trenzados. Los masáis se perforan y estiran los lóbulos de las orejas y se colocan aretes decorados con cuentas. Todos usan collares de cuentas muy elaborados, y los de las mujeres y las niñas tienen forma de babero.

OVAMBO

ACTUALMENTE: ANGOLA Y NAMIBIA
LENGUA TRADICIONAL: OVAMBO

Los ovambo emigraron de la región de Zambia en el siglo XIV. Durante el siglo XVII, se establecieron cerca de la frontera entre Angola y Namibia y se trasladaron más al sur hacia Namibia. Los ovambo son un grupo étnico bantú y la tribu más grande de Namibia. En Cunene, Angola (sur de Angola), se les conoce como ambo. A las áreas del norte de Namibia y del sur de Angola donde viven los ovambo en ocasiones se les llama Ovambolandia.

El pastoreo del ganado es responsabilidad de los hombres. El ganado indica qué tan rica es una familia. Los reyes tienen los rebaños más grandes. La cantidad de ganado que tienen otros hombres depende de su estatus social y económico. Si un hombre ovambo no tiene un rebaño, es costumbre que cuide del rebaño de otro hombre. Por lo general, cuidaría de un rebaño de 40 a 50 animales, asegurándose de que tuvieran buenas áreas de pastoreo durante la estación seca para que engorden más rápido. Esos hombres suelen ser jóvenes y solteros.

Una vivienda tradicional consta de varias chozas, rodeadas por una cerca con dos puertas. Algunos dicen que es fácil perderse dentro de lo que parece un laberinto. Sin embargo, cada choza tiene su propósito. Por ejemplo, una de ellas es la cocina. Tanto hombres como mujeres pescan, pero las mujeres casadas tienen su propio huerto y campo de cereales. Cada año, los esposos tienen el deber de limpiar los campos para sus esposas antes de que comience la siembra en octubre o noviembre.

Los rituales de los ovambo incluyen maravillosas ceremonias de hacer fuego, arrojar hierbas al fuego y respirar el humo que se eleva. También tienen una danza para hacer que llueva. Tradicionalmente, el rey de la tribu era también el sacerdote principal. Él era responsable de hacer compañía a los espíritus sobrenaturales y de ser el representante de los ovambo ante las deidades. Una deidad es un ser sobrenatural considerado divino o sagrado.

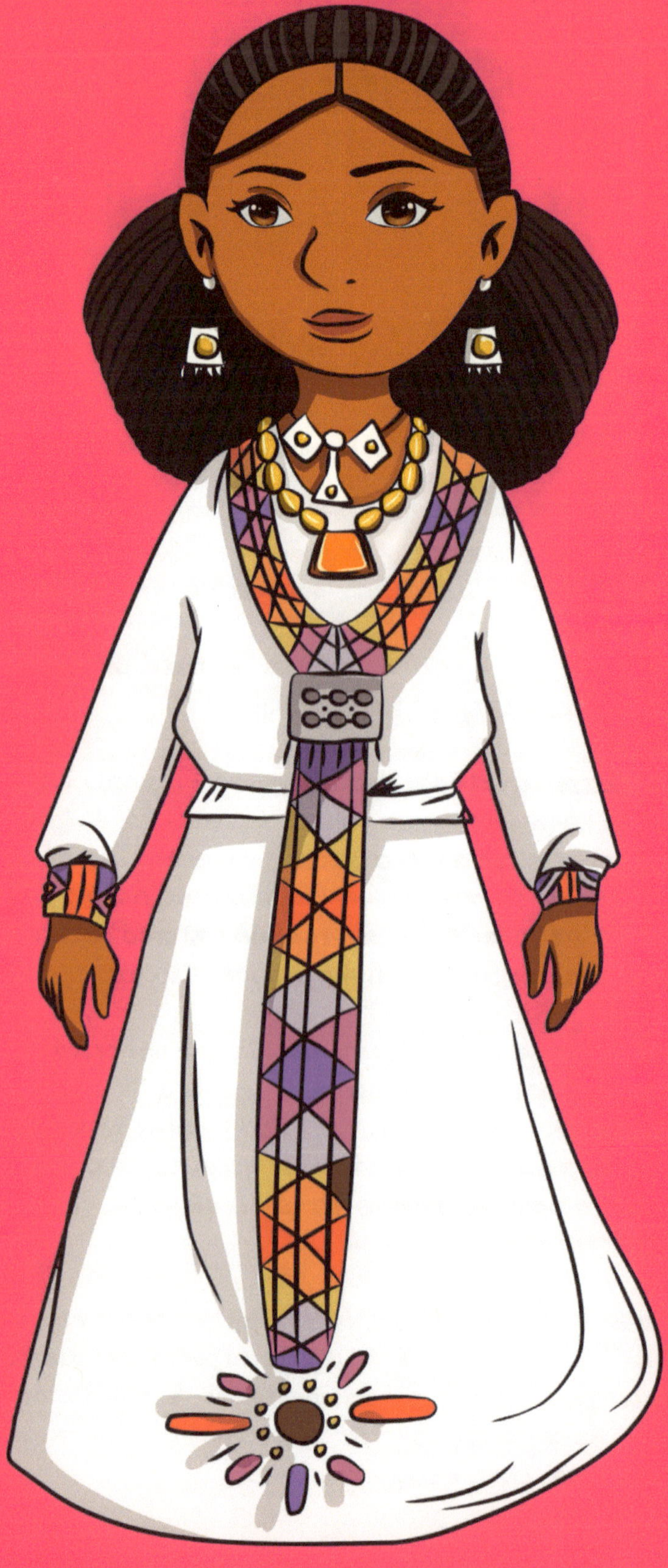

TIGRE

ACTUALMENTE: ERITREA Y ETIOPÍA
LENGUA TRADICIONAL: TIGRIÑA

Los orígenes del pueblo tigré se remontan al año 2000 a. e. c., y la primera mención de este grupo étnico data de alrededor del año 525. Aksum fue la capital del Reino de Aksum, también conocido como el Reino de Axum o Imperio Aksum, durante su reinado desde el siglo IV a. e. c. hasta el siglo X. Aksum sigue siendo parte de la región actual de Tigré, que llegó a conocerse como la Región 1 de Etiopía. La tradición etíope establece que la realeza del antiguo reino de Tigré desciende del rey Menelik I, quien era hijo de Makeda, la reina de Saba, y de Salomón, el rey de Israel.

La ganadería y la agricultura son trabajos comunes del pueblo tigré. El ganado puede incluir ovejas, cabras, vacas e incluso abejas. Los cultivos agrícolas populares incluyen un grano fino nativo del tamaño de una semilla de amapola llamado teff, sorgo, trigo, mijo y maíz. La comida típica contiene verduras y platos de carne con muchas especias en forma de un guiso espeso conocido como tsebhi. El injera es un pan plano grande de masa fermentada hecho con harina de teff. El tsebhi se sirve encima del injera. Los tigré suelen comer con la mano derecha, utilizando los dedos como utensilios. Los alimentos veganos son populares, pues los miércoles y los viernes no se come carne ni productos lácteos. La familia y los invitados a menudo comen juntos alrededor de un mesob, que es una canasta tejida a mano de colores brillantes donde se coloca la comida.

Una casa del pueblo tigré dice mucho sobre las personas que viven en ella. La primera vivienda de una pareja joven es una casa promedio que construyen ellos mismos, generalmente una choza con techo de paja. Si la pareja continúa junta, su próxima casa suele construirse con ladrillos, piedras u hormigón con un techo abovedado. Las familias poderosas pueden agregar muros de piedra alrededor de su jardín. Los invitados regalan piedras como señal de respeto, las cuales se agregan a las paredes. Estas paredes son una muestra de la estima y la admiración que los amigos sienten por la familia.

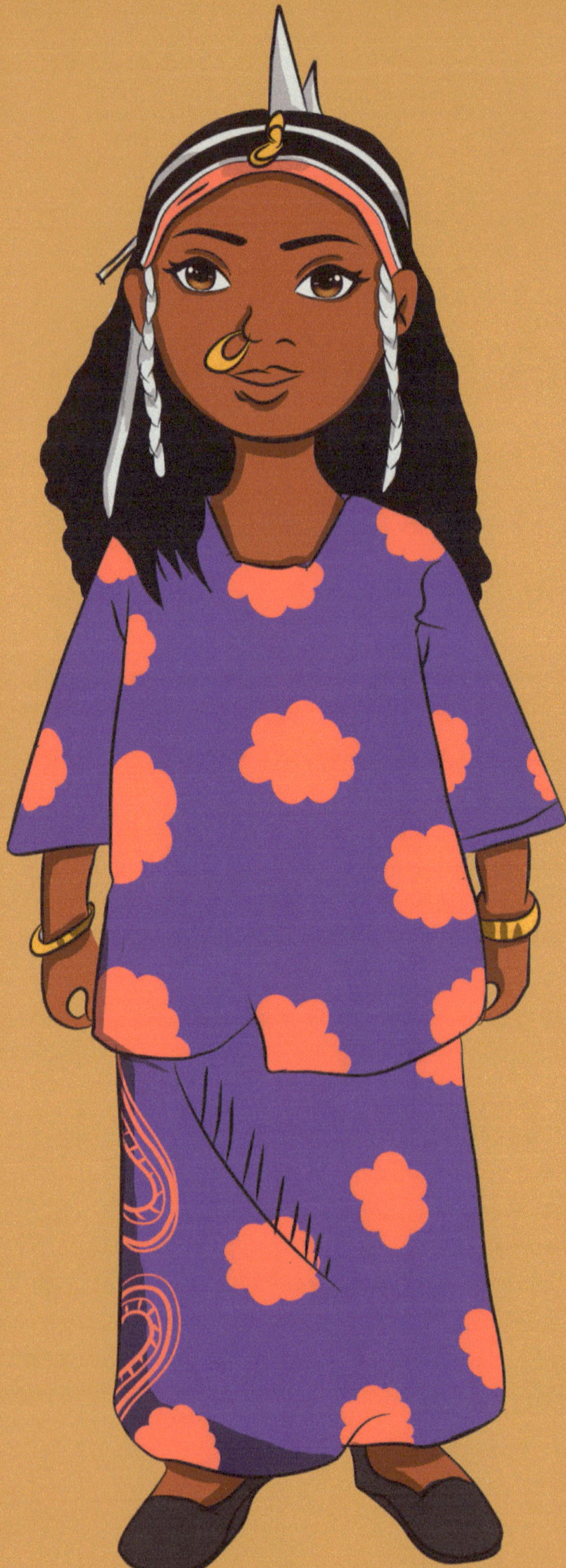

TUBUS

ACTUALMENTE: CHAD, LIBIA, NÍGER, SUDÁN
LENGUA TRADICIONAL: TEBU

Más de la mitad de la población tubu se encuentra al norte de las montañas del Tibesti en Chad, con poblaciones más pequeñas en Libia, Níger y Sudán. La tradición oral dice que originalmente vivían junto al río Nilo, pero abandonaron la zona durante el siglo XIV debido a una gran guerra. Esta migración fue conocida como Kedh Gurrai, es decir, la gran migración hacia el sur. Los tubus se dividen en dos grupos, los teda y los dazagra. Tubu significa gente de roca. A veces se les llama los nómadas negros del Sahara y se les conoce como los guerreros del desierto. Los tubus viven en áreas extremadamente remotas, es decir, muy lejos de las ciudades. Están tan aislados que cobran un impuesto a cualquier persona que no sea tubu que pase por su región. La religión de los tubus es el islam y a sus líderes se les llama sultanes. Pero los pastores locales son los que tienen el poder real.

Los tubus son pastores nómadas o agricultores. Los nómadas pastorean dromedarios, burros, ovejas, cabras y vacas. El ganado es una parte esencial del comercio. Los agricultores viven cerca de los oasis, donde cultivan dátiles, granos, raíces y legumbres (lentejas, guisantes, garbanzos, frijoles, soja, maní, tamarindo, etc). En algunos lugares, los tubus también extraen sal y natrón, una sustancia parecida a la sal. Esas dos sustancias son importantes porque se utilizan en la producción de medicamentos, jabones, textiles, en la conservación de alimentos, etc.

No todos los tubus son nómadas y algunos prefieren vivir en un solo lugar, en casas de barro de forma cilíndrica o rectangular con techo de palma. La sociedad tubu está formada por clanes, y cada clan tiene sus propios pastos, oasis y pozos de agua. Dentro de los clanes, cada familia tiene derechos sobre tierras, palmeras datileras y pozos específicos. A veces, una familia puede incluso tener derechos sobre una parte de la cosecha de los campos de otra persona si el agua de los pozos de la familia se usó para cultivar la cosecha.

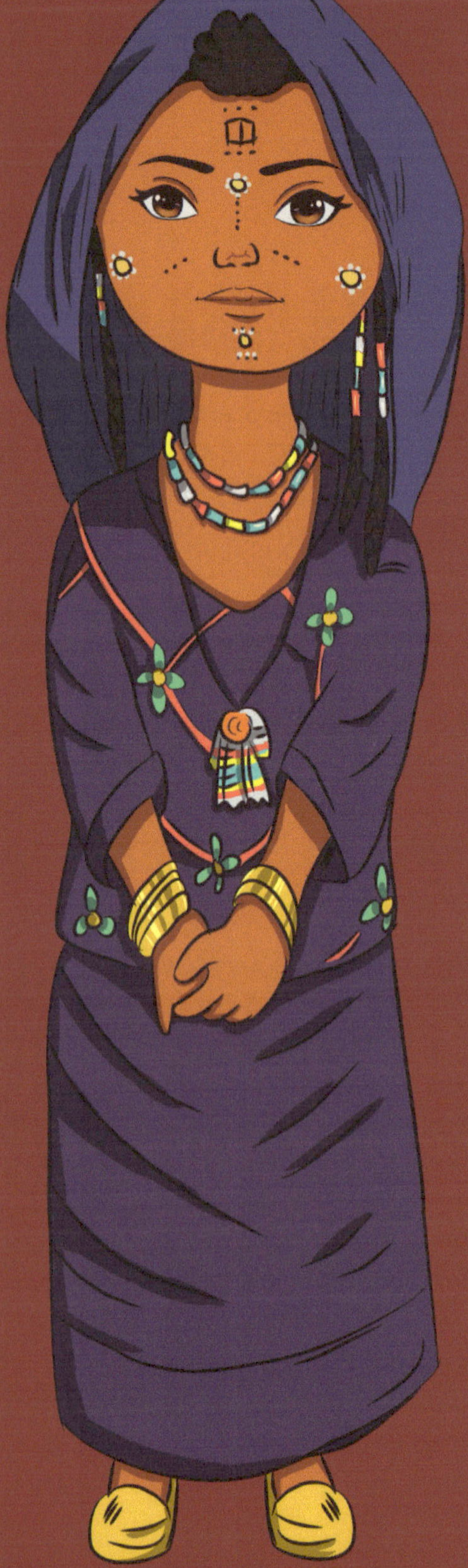

TUAREG

ACTUALMENTE: ALGERIA, BURKINA FASO, LIBIA, MALÍ, NÍGER
LENGUA TRADICIONAL: TAMASHEQ

Los tuareg son un gran grupo étnico bereber, conocido por ser descendientes de los bereberes originales de la región de Tafilálet en Marruecos, África del Norte. Su reina fundadora, Tin Hinan, vivió entre los siglos IV y V. Los tuareg han sido llamados "gente azul" debido a su ropa tradicional de color índigo que mancha su piel. Dos tercios de los tuareg viven en Níger. Se les llama Mulatthamin, que significa "gente con velo". Los tuareg son musulmanes, lo que significa que su religión es el islam.

A principios del siglo XIX, el territorio tuareg se organizó en confederaciones. Cada confederación es gobernada por un jefe supremo, un consejo de ancianos de cada tribu y ancianos del clan que ayudan al jefe. Cada clan tuareg está formado por tribus, y esas tribus están formadas por grupos familiares. A lo largo de la historia ha habido siete confederaciones.

Los tuareg son seminómadas, conocidos por sus tiendas de campaña. Estas tiendas tienen sus propios estilos según la ubicación y la tribu. Algunas tiendas están cubiertas con pieles de animales y otras tienen alfombra tejidas muy elaboradas en su interior. Tradicionalmente, la tienda se arma por primera vez durante la ceremonia de matrimonio y es propiedad de la esposa. Las tiendas de las mujeres tuareg que no son nómadas pertenecen a su marido.

Un plato principal de los tuareg es la taguella, un pan plano en forma de círculo hecho de harina de trigo, que se cocina enterrándolo en la arena caliente bajo un fuego de carbón. Una vez cocido, el pan se parte en trozos más pequeños y se come con mantequilla derretida, verduras o una salsa de carne. Alrededor del 95% de la dieta de los tuareg se compone de cereales. Los tuareg obtienen proteínas de productos lácteos como el queso, la leche y el yogur, ya que la carne suele comerse en las fiestas y en las ceremonias. Otros platos principales son la papilla de mijo y la leche de camella con dátiles. El eghajira es una bebida dulce y espesa que se bebe con un cucharón de madera tallada y que se sirve en las fiestas. Se elabora machacando mijo, queso de cabra y dátiles, que se mezclan con leche y azúcar.

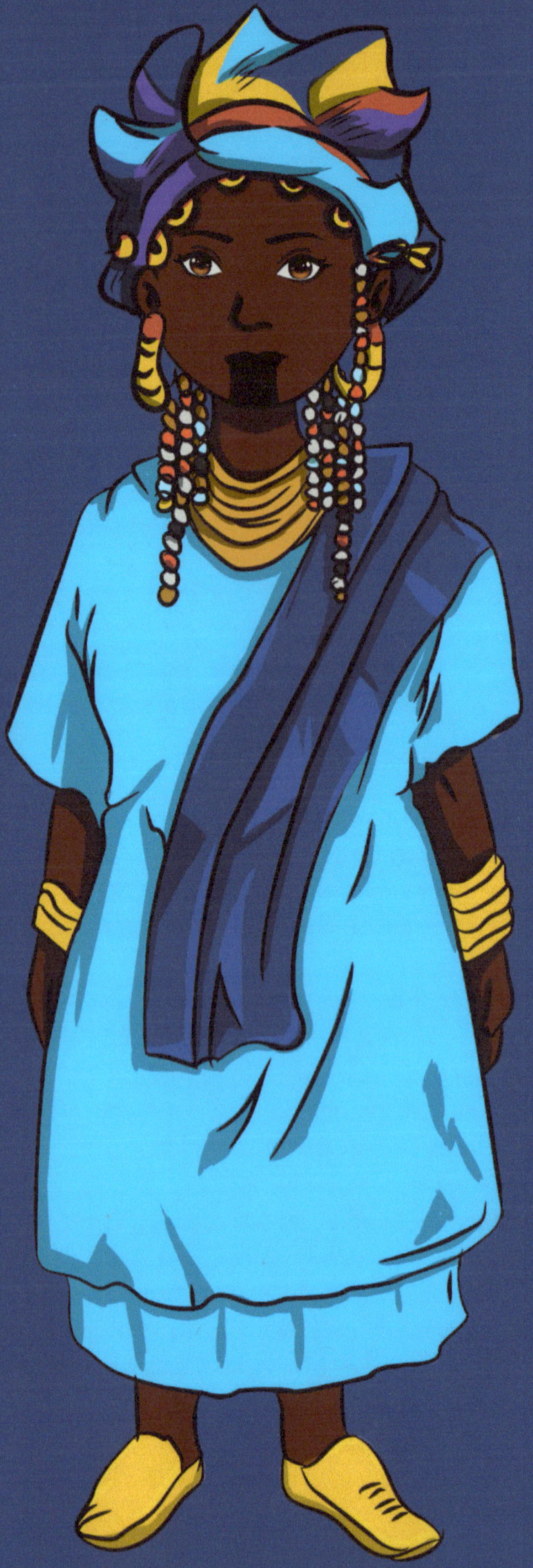

WOLOF

ACTUALMENTE: GAMBIA, MAURITANIA, SENEGAL
LENGUA TRADICIONAL: WÓLOF

Los wólof son el grupo étnico más numeroso de Senegal. De 1350 a 1549, el Imperio Jolof, también conocido como Imperio Wólof, fue parte de la región de Senegambia, lo que hoy es Senegal y Gambia. Después de la batalla de Danki, otros estados abandonaron el imperio; de 1549 a 1890, el estado de Jolof fue conocido como el Reino de Jolof. La cultura, el sistema de castas y el gobierno han existido desde el siglo XIV.

Los ritos de iniciación son muy importantes para los wólof. Son ceremonias o eventos que marcan una etapa crítica en la vida de alguien. Los nombres tienen mucho significado y los padres se aseguran de elegir cuidadosamente los nombres de sus hijos. Generalmente, escogen el nombre de un amigo o familiar influyente y con buenas cualidades. El proceso de nombramiento puede llevar hasta un año. Para los wólof es normal visitarse a cualquier hora, incluso a la medianoche. Visitar a alguien sin avisar no se considera de mala educación ni se ve como una molestia. Se invita al visitante a tomar el té, compartir una comida o pasar la noche. Esta versión wólof de la hospitalidad se llama teranga.

En el sistema de castas de los wólof, el jefe supremo ocupa el primer lugar; luego está la realeza, los aristócratas (clase alta), los guerreros, los plebeyos, los esclavos y los artesanos de bajo estatus. Un artesano es un trabajador que crea cosas con sus manos. Algunas profesiones del sistema de castas incluían joyeros, sastres, herreros, músicos y griots. Un griot es un narrador profesional, normalmente un historiador, poeta, músico o animador. Gracias a ellos se conoce hoy en día la mayor parte de la historia wólof. Los herreros no solo fabricaban armas de guerra, sino que también resolvían disputas locales. Los wólof son bien conocidos por la talla de madera, la sastrería y sus habilidades comerciales, pues han hecho negocios con los árabes asiáticos durante siglos.

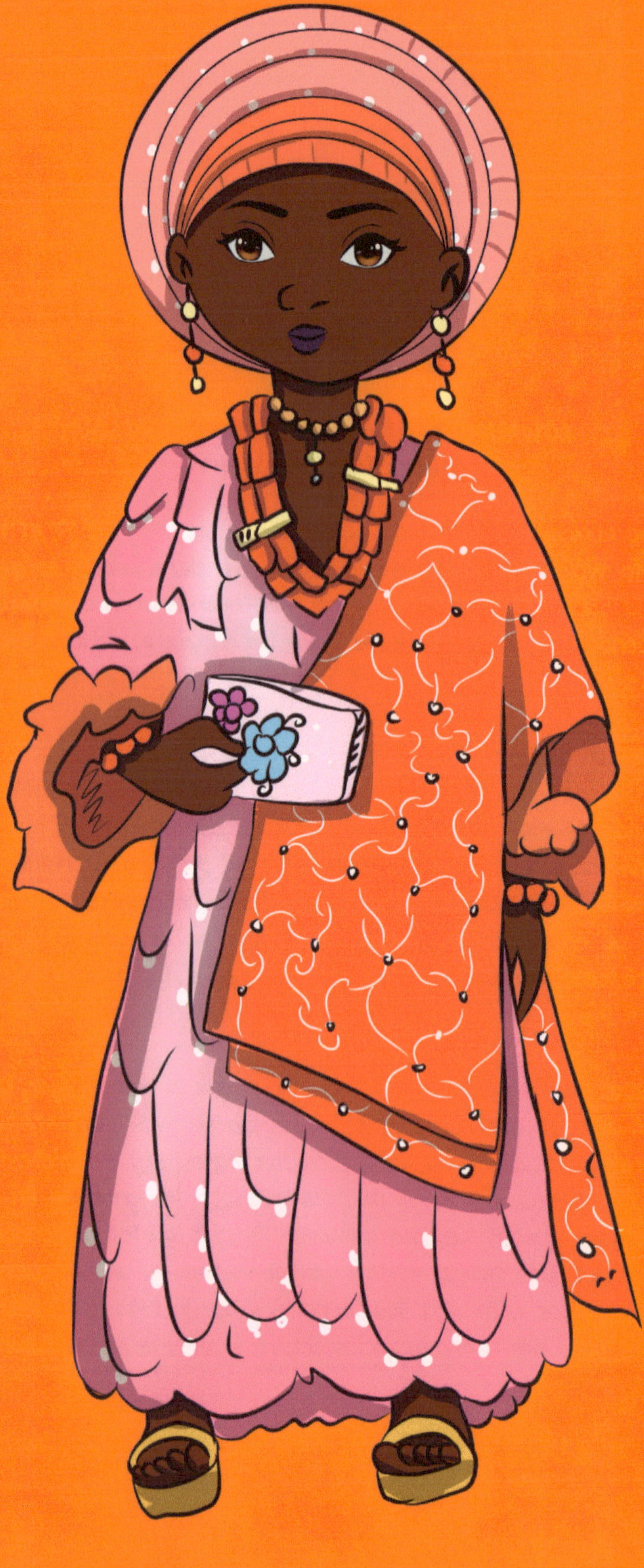

YORUBA

ACTUALMENTE: BENÍN, NIGERIA, TOGO
LENGUA TRADICIONAL: YORUBA

Los yoruba se originaron en el Reino de Ife. Eventualmente, comenzaron su propio imperio, el Imperio Oyo, que existió del siglo VII al siglo XVIII. El Imperio Oyo era muy poderoso debido a sus excelentes habilidades organizativas, administrativas y militares. Era un imperio lleno de riqueza e influencia política. Hasta el día de hoy, los yoruba son uno de los grupos étnicos más grandes de África.

Los yoruba siempre han vivido en ciudades desarrolladas y con grandes poblaciones. En el pasado, existían fortalezas con muros altos y portones y puertas con tallados muy elaborados. Los yoruba siempre han sido artesanos hábiles, y en sus obras de arte han utilizado materiales como cuero, textiles, marfil, cobre, bronce, latón, cerámica, vidrio, piedra y madera tallada. Son conocidos por sus esculturas humanas de tamaño natural y muy realistas.

La música tradicional yoruba se caracteriza por el uso de tambores. El dundún es un tambor en forma de reloj de arena con dos parches conectados por cuerdas de cuero. Se le conoce como el tambor parlante, porque cuando se toca se puede imitar el tono, el ritmo y el sonido del habla humana. El músico puede cambiar el tono del tambor apretando las cuerdas de cuero entre el brazo y el cuerpo. El dundún es un instrumento esencial de la música folclórica yoruba. La música caribeña, afrolatina, trinitense, capoeira y afrobeat han sido influenciadas por la música folclórica yoruba.

Muchas comidas yoruba incluyen alimentos sólidos machacados o hervidos, utilizando cultivos como el ñame, la yuca, el taro, los plátanos, los frijoles y el maíz. Los platos familiares incluyen moin-moin (pastel de frijoles), iyan (ñame machacado), ewa agoyin (puré de frijoles con una salsa especial), efo riro (guiso de verduras), egusi (sopa de semillas de melón), ila alasepo (sopa de okra), etc. La dieta incluye una gran cantidad de arroz jollof, fufu, pescado, carne de res, cabra y pollo.

AGRADECIMIENTOS

¡Primero quiero agradecerme a mí misma! Tuve que dedicar tiempo a investigar, escoger a la artista y escribir el libro, así que, ¿por qué no? También deseo agradecer a la ilustradora Sailesh Acharya. ¡Tu trabajo es fenomenal! Entendiste mi visión y lograste justo lo que quería. La vida es una locura…¡La vida es salvaje! Durante años, las personas me decían que debía escribir un libro sobre mis viajes, pero no tenía ganas…aún no tengo ganas. Pero vi la oportunidad de educar a los jóvenes sobre los diferentes grupos étnicos. Nunca se me hubiera ocurrido algo así de no ser por mis viajes. Hasta 2023, he visitado 105 países, 24 de ellos en el continente africano. ¡Oh, las cosas que han visto mis ojos; las experiencias que he tenido durante mis 31 vueltas alrededor del sol! Deseo compartir algunas de esas vivencias mediante la serie El Reino. Y lo correcto era empezar por África. Por último, pero no menos importante, quiero darle gracias a Dios, quien siempre ha sabido lo que estaba, está y estará reservado para mí. Espero, rezo y tengo fe en que este libro llegue a las manos de los niños que serán los líderes del mañana, que impulsarán el mundo, que cumplirán el propósito para el que están destinados y que son o llegarán a ser culturalmente conscientes al terminar de leer este libro. Si has leído hasta aquí, ya seas niño, adolescente o adulto, quiero que recuerdes que nunca es tarde, que nada es imposible y ¡que eres suficiente!

SOBRE LA AUTORA

C.Nichole es una cantante, compositora, productora de televisión, fundadora de una organización sin fines de lucro, creativa y propietaria de una editorial. *El Reino: África* es su primer libro para niños, creado ante la necesidad de que existan más libros históricos sobre grupos étnicos africanos que estén dirigidos a los jóvenes, especialmente a los niños de ascendencia africana. También es autora de *American Presidential Parties: Their Relevance to People of African Descent*. C.Nichole se graduó de la Universidad de Houston y obtuvo una licenciatura en mercadotecnia y menciones en periodismo y estudios europeos, que incluyeron estudios en Europa y África. Se considera a sí misma una ciudadana del mundo y visitó más de 100 países antes de cumplir los 30 años. Sin embargo, ha hecho de Dallas, Texas, EE. UU. su base de operaciones. Es defensora del panafricanismo, un movimiento que promueve la unión de todas las personas de ascendencia africana, y es fundadora de Pan African Think Tank, una organización sin fines de lucro. Puede obtener más información, hacer donaciones y comprar ropa y accesorios en PanAfricanTT.org.

HASTA LA PROXIMA...

CPSIA information can be obtained
at www.ICGtesting.com
Printed in the USA
BVHW012258310123
657600BV00001B/1